Sabrina Gundert
Susanne Sorgenfrei

AF145990

Nur ein Augenblick

Dem Leben begegnen
im Moment

Sabrina Gundert (Jg. 1988) begleitet Frauen in Coachings, Seminaren und mit ihren Büchern dabei, ihren eigenen Weg zu entdecken – und ihm zu folgen. Ihr Herzblut sind das Schreiben, die Natur und das Gehen des eigenen Herzensweges.

Bücher:
Hab Mut und geh – Das Herzensweg-Praxisbuch (2014), Auf dem Herzensweg – Lebensgeschichten spiritueller Frauen (2013), Handgeschrieben – Inspirationen zum Innehalten und Ankommen (2012)

www.handgeschrieben.de
www.frauencoaching-bodensee.de

Susanne Sorgenfrei (Jg. 1949) ist Atemtherapeutin und begeisterte Schreibende. Seit vielen Jahren nimmt sie ihr Leben, den Alltag und die Begegnungen darin auch schreibend wahr. Schreiben und Atem gehen dabei Hand in Hand und führen sie immer mehr zu sich selbst und in den jetzigen Augenblick.

www.ateminstitut-sorgenfrei.com

Sabrina Gundert
Susanne Sorgenfrei

Nur ein Augenblick

Dem Leben begegnen
im Moment

Herstellung und Verlag: BoD – Books on Demand, Norderstedt
ISBN 978-3-7386-5599-5

Bibliografische Information der Deutschen Nationalbibliothek:
Die Deutsche Nationalbibliothek verzeichnet diese Publikation in der Deutschen Nationalbibliografie; detaillierte bibliografische Daten sind im Internet über dnb.d-nb.de abrufbar.

Coverfoto: manun/photocase.de
Buchumschlag und Illustration: Julia Maria Fellner, Steiermark, Österreich
Satz: pixelpfad.de

Inhalt

Willkommen – jetzt hier, in diesem Augenblick!

Meist braucht es nicht viel, damit wir glücklich sind. Eigentlich nur ein waches Hiersein – hier und jetzt. Dann vermag sich ein flüchtiger Moment – in der Küche, in der Begegnung mit einem geliebten Menschen, ja, sogar in der vollen Bahn – in einen besonderen Augenblick zu verwandeln.

Susanne und ich kennen uns nun viele Jahre und haben immer wieder festgestellt, wie ähnlich die Themen unserer Gedichte sind. Obwohl fast 40 Jahre zwischen uns liegen, kreisen wir doch immer wieder um das, was unser Leben als Menschen ausmacht: die Liebe, die Begegnungen, der ständige Wandel, die Stille, das Alltägliche.
So lassen wir unsere Beobachtungen des einen Augenblicks in diesem Buch zusammenfließen, sich miteinander verweben.

Es sind Augenblicke, die jeder für sich stehen und die doch ineinandergreifen. Sie laden ein, das Buch an einer beliebigen Stelle aufzuschlagen und ganz einzutauchen in den jeweiligen Moment.

Nicht mehr und nicht weniger.

Herzlichst,
Sabrina Gundert und
Susanne Sorgenfrei.

Wandlung

DAS RAD DES LEBENS

Das Rad dreht sich stetig weiter.
Zieht Kreis um Kreis
vom Ursprung bis zum Ziel.
Doch in der Mitte,
in der Nabe,
ist alles still.
Immer.
Das Rad des Lebens
zieht seine Kreise
um die tiefe Stille herum.

ALTERN

Nein, nicht jung und unbändig!
Die Fohlen auf der frischen Wiese springen sehen
und die Müdigkeit spüren.
Den Abstand zwischen den Jahren
der Wildheit, der Dummheit,
des kopflosen Agierens und
dieses stillen Hinschauens wahrnehmen.
Nein, nicht wild, nicht unbändig.

Eine große Stille breitet sich aus.
Das Ich ist nicht mehr wichtig,
muss nicht seinen Veitstanz
der Lebensbewältigung aufführen.
Betrachtendes gewinnt Raum.
All die jungen Menschen in ihrem Lebensdrang
freundlich ansehen können.
Nicht mehr mitmischen müssen.
Beschaulichkeit.
Ja, das ruhige Beschauen der quirligen Welt,
immer weiter rückt sie ab,
weiter wird der Horizont.
Immer größer der Überblick.
Nein, keine Trauer!
Freundliches, ja liebevolles Zusehen.
In den Hintergrund treten können, fast
verschwinden.

Ist das alles?
Nein, nur die eine Seite.
Weit öffnet sich die Tür nach innen.
Ruhiges Wandern durch die Speicherräume des
Lebens.
Bedächtiges In-die-Hand-nehmen einzelner Stücke:
Frohes, Verrücktes, Seufzer, ach ja, auch Tränen.
Ein ganzes Jahr lang Tränen!
Ein ganzes Jahr lang auf der Stelle treten.
So jung, so dumm, so wenig Person.

Die dunklen Räume der inneren Grotte sehen,
mit fragenden Augen,
leisem, amüsiertem Kopfschütteln.
So wild, so anstrengend,
so unbewusst.
Abfall und Schätze
eines vergangenen Lebens.
Abgefallenes, Abgelebtes, überflüssig Gewordenes.
Und dann das Leuchten: Hier und da ein Glimmen,
das Glühen einer unvergänglichen Erfahrung.
Ewigkeitsgefühl in diesem Leben.

Plötzlich ein helles Aufleuchten, das kommt schon
jahrelang:
Malen, malen, malen.
Auf riesiger Leinwand Sand streuen und den dunklen
Staub der Pinienkerne.

Mit großem Pinsel darübertanzen, fette Kleckse
heruntertropfen lassen. Rot, rot, rot.

Unbändig, jawohl: Unbändig den Kopf hin und her
schütteln, alle Haare im Drehen fliegen lassen.
Abheben und mit blauen Füßen wieder landen!

Auf den Bauch platschen, nackt.
Ein Ganzkörperbild,
    erkennbar am Abdruck der aufliegenden Stellen.
Hohlräume, Aussparungen, Farbloses:
Ergänzung des Ganzen.
Los kommt, werft euch auf mein Bild, malt mit!
Ein kunterbuntes Menschenbild,
Farbnuancen ohne Zahl.
Wortfetzen, auch sie landen zwischen den Farben;
Töne, in Noten eingebunden, Fingerspuren,
die Linien ziehen.
Was für eine Lebenscollage!
Wild und herrlich und – schön.

DIE HÄUTUNG

Jetzt bin ich da.
Kann mich nicht mehr verstecken.
Habe die Haut des Mich-klein-Haltens abgestreift.
Nackt fühle ich mich,
noch unberührt und völlig neu.
Noch weiß ich nicht,
wo mich dieser Weg hinführen wird,
wo ich rauskommen werde.
Doch eines ist gewiss:
Die, die ich vorher war,
gibt es nicht mehr.
Sie hat sich gehäutet wie eine Schlange,
deren Lebenskorsett ihr schon lange
viel zu eng geworden war.

Augenblicke

PULS DES LEBENS

Das Herz.
Ohne sein Schlagen kein Puls.
Keine Lebendigkeit,
kein Straßenlärm,
in den Cafés kein Summen der Gespräche.
Ein großer Übersetzer ist der Pulsschlag,
aufmerksamer Anzeiger der Verhältnisse.
In der Stadt zeigt er die Geschwindigkeit,
das Gewirr der Abläufe nebeneinander.
Die Ruhe der Parkanlagen,
das leichte Kräuseln des Windes auf den
Teichwellen.
Das Herz der Großstadt sind die Herzen.
Kreuz und quer pulsieren ihre Verbindungsadern.
Anstöße zum Reden, zum Fühlen, zum Leben.
Der menschliche Pulsschlag pocht neben dem der
Technik.
Fahrzeuge, Maschinen, Gebäude,
alles eine Frage des Tempos.
Alles hat seine Zeit.
Menschenzeit, Menschenpuls,
Erdzeit, Puls der Natur.

Feuerfunkenglut
leise
ganz leise
Windhauch
Sterne
Windstoß
Aufglühen
Fliegen
Verglühen
Sterne am Horizont.

SPINNWEBENWOBEN

sanft
ein Hauch nur

Sonnenstrahlen
durchbrechen
die zart gesponnenen
Fäden.

LEBENDIG

Plötzlich bin ich mittendrin
im Bild.
Raus aus dem Kopf
rein ins Leben.
Ein Atemzug nur,
der darüber entscheidet,
ob ich singe, liebe und lobpreise
oder mal wieder steckenbleibe
im sich endlos drehenden
Kopfkarussell.

ALLTAGSMOMENT

Fast wie unbewegt dasitzen.
Sonne und Schatten malen auf den
geschlossenen Augenlidern
eine buntfarbige Palette.
Ein Augenkino.
Rasche Wechsel der Bilder,
in Bruchteilen von Sekunden flirren sie
vorbei.
Und der sanfte Wind streift die Haut.

Magie des Sommers.

GETRAGEN

Die Spinne seilt sich ab
hängt in der Luft
unbeweglich
leicht
entspannt.
Kein Faden ist zu sehen,
nichts, was sie hält.
Und doch muss es jene
unsichtbaren Fäden geben,
die sie halten, umfangen, tragen.
Wo immer sie auch ist.

STILLSTAND

Plötzlich herausgerissen aus dem Leben,
das eben noch Alltag war.
Auf einmal bedeutungslos,
sinnlos geworden.
Darf wieder neu schauen,
neu erkunden,
was Leben
jetzt
für mich bedeutet.

Es schreibt in mir.
Wie lange lag die Feder
in Ruhe in ihrer Schachtel?
Der Gänsekiez der Aufmerksamkeit
bedeckt
vom Gewühle des Lebens,
überhäuft
von Alltagsdingen und Geschehnissen.
Aber nun:
Wieder genau hinsehen,
das Wahre
wahrnehmen.
Das Kleine beachten
mit stiller Seele.
In die Atemruhe heimkehren.
Den Fluss des Schreibens
fließen lassen.
Unter den Brücken
strömt das Wasser
der Langsamkeit.
In seinen Wellen
Treibgut der Tage,
Angeschwemmtes der Zeit.
An den Ufern wurzeln
die Gräser des Zulassens.
Sie holen sich das Wasser
als Nahrung
für den Weg ins Licht.
Knospennahrung, Blütenträume.
Es schreibt in mir.

ATMEN

Sich dem Atem überlassen,
getragen werden von der Welle des Lebens.

Weit werden,
sich öffnen und aufnehmen
und ganz in der Hingabe sein
– so den Einatem empfangen.

Dann sich bündeln, anwesend sein,
gesammelt und klar.
Gradlinig in die Welt strahlen
– ausatmen.
Und danach?
Das Eintauchen bis tief
in die eigene MITTE,
AtemRuhe.

Begegnung mit mir

TIEF IN MIR

Tief in mir
ist Kraft
ist Liebe.
Oft verborgen
unter den dicken Schichten der Angst,
die ich selbst dort angehäuft habe.

Sie alle erzählen ihre eigene Geschichte –
von mangelnder Liebe,
verletzten Gefühlen,
Schmerz und nicht geweinten Tränen.

Kann ich es wagen,
Schicht für Schicht abzutragen,
ohne zu wissen,
was mich auf der nächsten Ebene erwarten
und was ganz zu unters
zum Vorschein kommen wird?

IMMER SCHON GEWESEN

Nie gesehen
und doch erkannt.

Wo warst du nur so lange?
Habe dich gesucht,
gesucht
ohne das Ziel meiner Suche
je gesehen zu haben.

Erkenne nun,
dass ich all die Zeit
nur einmal hätte Platz nehmen müssen,
um dir zu begegnen,
in mir.

BEGEGNUNG IM SCHMERZ

Dir begegnen
in mir.
Den Blick weit lassen
weit werden lassen
und den tiefen Schmerz im Herzen spüren.
Atmen
einfach weiteratmen
deine Augen feste umarmend.
Erkennen, dass auch du
den Schmerz in mir
nur allzu gut
selber kennst.

So viele
scheuen sich
meine Seele zu berühren.
Schmerzhaft
die Banalität
der Alltagsgespräche;
der Schmerz kommt,
wenn Ruhe ist.
So langweilig
das Äußerliche,
aber wer will mein Inneres
wissen?

ZURÜCK ZU MIR

Wort für Wort
schreibe ich mich zurück
zu mir selbst.
Den Stift in der Hand
bahnt sich auf dem Papier
zielstrebig der Weg,
der mich auch in meinem Leben
zu der führen wird,
die ich schon immer war
und die ich doch so lange
schmerzlich vermisst,
aus den Augen verloren hatte.

WIND IN DEN HAAREN

Wind in den Haaren
die Welt unter mir.
Vergessen
die Erinnerung
an jede Angst.

LOSLASSEN

Alle Last
loslassen
Alle Angst
loslassen
Gedanken
loslassen
Sich öffnen
für
alles
Frei sein
für
alles.

Loslassen.

ANGEKOMMEN IN DER FÜLLE

Wie nur
habe ich übersehen können
wie wundervoll
ich all die Zeit schon war?
Hatte nur den Makel im Blick,
das vermeintliche Nicht-Perfektsein,
das Anderssein.
Darf ich jetzt erkennen,
welche Fülle
schon immer da war?

ICH UMARME DIE ANGST

Der nächste Schritt wird sich zeigen.
Offen bin ich für das,
was kommen mag.
Inne halte ich,
um gut zu mir zu sein,
für mich zu sorgen.
Achtsam will ich durch den Tag gehen,
meinen Körper und mich selbst heilend,
verstehend, liebend.

Ausgehend von diesem Standpunkt,
diesem Verwurzeltsein aus
wird sich alles fügen.
Fügen zu Neuem,
zu dem noch nicht Greifbaren,
das entstehen will.
Ich umarme die Angst
und bleibe verankert
im Hier und Jetzt.

So bei mir Zuhause seiend
bin ich Ankerpunkt,
unerschütterlich,
mag kommen, was will.
Verankert in mir und meinem Körper
kann ich schauen,
beobachten,
kann ich sein.

Mitten im Leben

GEBORGEN

Zart wie die Schwingen eines Schmetterlings
bist auch du.
Geborgen
auf den Schwingen des Lebens.

ANTWORTEN

Es gibt einen Ort,
an dem alle Antworten warten.
Einen Ort
knapp unter der Oberfläche des täglichen
Seins.
Von vielen unentdeckt,
von manchen ein Leben lang.
Vermögen nur die ihn betreten,
die still werden,
lauschen
und gewillt sind
sich einzulassen auf das,
was sich ihnen zeigen wird.

AUFMERKSAMKEIT

Merk würdig.
Ich hebe etwas auf.
Ich sammle.
Wohin?
Was?
Ich sammle mich.

Auf den Punkt gebracht.
Hellwach.

Einfach so:
da sein.

AUFBRUCH I

Hüpfen.
Tanzen.
Stampfen.
Rennen.
Vergessen,
wie es vorher war.
Aufbruch will ich es nennen,
was jetzt in meinem Herzen ist.

AUFBRUCH II

Meinen Rucksack packen.
Mitnehmen,
was ich wirklich brauche.
Liegenlassen,
was zu schwer mir geworden ist.
Den ersten Schritt wagen,
weitergehen.
Aufbruch,
immer wieder,
ins Neuland.

HASELNUSS

Blatt für Blatt ein leichtes Absinken und sich wieder Heben
mit dem Windhauch.
Ein kaum merkliches Schwingen, ganz in Ruhe,
gehalten von den feinen Zweigen,
deren Enden gestützt von kräftigeren Ästen.
Dunkle Linien, immer wieder in das grüne Bett der
Blätter eintauchend, Haltestreben für die unendlich
scheinende Vielzahl.
Die Blattspitzen bewegt wie ein leises Kopfnicken,
Zustimmen, nachdenkliches Jasagen, wieder still
Sein. Alle Grüntöne dicht an dicht vor dem hellen
Grau des regnerischen Himmels.
Der Haselnussstrauch.

Entrümpeln,
ausmisten und
aussortieren.
Aus, Schluss,
Ende
mit dem Verzetteln
in den vielen
Zetteln.
Mahnungen an
Ungetanes;
Zettel,
die die Zeit festhalten,
mich verzetteln.
Kein großer Flug,
kein weiter Bogen
ist möglich
mit so viel Zetteln.

LÖWENZAHN

Spitz gezahnte Blätter
schieben sich drängend
aus der Erde.
Zentimeter um Zentimeter.
Grün eingepackte Blütenköpfe
kräftiger werdend,
stabil auf ihren Stengeln
drängen sie sich der Sonne entgegen.
Weit sich öffnend entfalten sie ihre gelbe Pracht.
Tagelang dieser Farbrausch.
Aber heute nun die Metamorphose!
Durchscheinend, zart gegliedert,
folgen die kleinen Fallschirme jedem Windhauch.
Schwerelos durchtanzen sie die Luft,
fliegen weit hinauf,
alles Vertraute hinter sich lassend,
zu neuem Leben.
Löwenzahn, du Pusteblume!

BLICKWINKEL

Auf dem Bett liegend
ändert sich plötzlich die Perspektive.
Ein Ausschnitt, nur das –
grün, weiß, blau
und das, was an Wolken vorüberzieht.
Den Blick reduzieren,
um die Weite,
die Fülle,
wieder sehen und spüren zu können.
Rückzug,
um mich zu zeigen,
aufzublühen.

Glücksmomente

Den Pinsel zwischen den Fingern drehen,
langsam in das Wasserglas tauchen.
Bis auf den Grund, jedes Haar nass werden lassen.
Dann gut am Rand abstreifen.
Das ganze Blatt mit Wasser bedecken,
sorgsam jede trockene Stelle befeuchten.
Den Pinsel mit leichter Bewegung an die Farbe
schieben.
Eine blaue Linie, sehr dunkel, auf das Papier
bringen.
Darunter wieder blau, etwas heller.
Leuchtendes Blau füllt Streifen um Streifen,
unterbrochen von wässrigem Smaragdgrün.
Hell durchscheinendes Blau ganz oben als Himmel,
sandfarbenes Ocker ganz unten.
Fertig ist das Bild vom Meer.
Glücksmomente.

Alles weglegen.
Die Stille des Raumes wahrnehmen.
Sich fast nicht mehr bewegen.
Das Vergangene des Tages in sich spüren.
Die Decke zurechtlegen, mit lockerer Hand.
Nur das Fenster noch öffnen.
Glücksmomente.

So ein Glück!
Wasser, unendlich viel,
immer wieder platschen die Wellen an den Strand.
Sich treiben lassen
im flachen Wasser,
hin- und herrollen
wie ein Stein
oder die Welle selbst.
Im Meer aufgehen,
sich auflösen im Ozean.
Grund unter den Füßen finden,
sehr langsam in den trockenen Sand laufen.
Stehenbleiben, tief atmen.
Das Hellgrün des Wassers in sich sehen.
Glücksmomente.

Furchen, Vertiefungen, Risse.
Schichten, Platten, Wölbungen,
aufgetürmt zu Gebirgen,
übersät von Blumen und Gräsern.
Abgeschliffen und gerundet vom Meer,
in endlosem Auf und Ab
zu Landschaft geformt.
Höher und immer höher,
tiefer und noch immer tiefer.
Korkeichen zu fleißiger Ernte gepflanzt,
Wildnis,
sobald der Mensch wegschaut.
Sardinien. Glücksmomente.

Rasch ziehende Wolken,
vom Wind energisch geschoben,
zerfasert, zerrissen,
Einlass der Sonne bietend.
Weißglänzend über dunklem Gebirge,
zu Haufen aufgetürmt,
gleich wieder konturlos wie ein Frühnebel.
Von der Abendsonne mit Farbe bedacht,
als wetterverheißendes Abendrot zerfließend.
Glücksmomente.

Am Küchentisch

Frühstück!
Hm, mit Ei,
dampfender
Cappuccino –
Gespräche über
Gott und
die Welt
und die Männer.

ABWASCHEN

Die langsamen Bewegungen beim Ausbürsten der
Bratpfanne,
das behutsame Lösen der Bratkartoffelreste vom
Pfannenrand.
Langsames, fast andächtiges Kreisen. Das Genießen
des Zeithabens.

Das Kreisen, eine nicht enden wollende, ewige Form.

TEEPAUSE

Von der braunorangen Oberfläche kleine Schlucke
wegschlürfen.
Winzige Wellen hineinpusten.
Lichtpunkte, sich spiegelnd, auftauchend und sofort
wieder verlöschend,
mit dem Blick einfangen.
Den feinen Geschmack auf der Zunge spüren.
Die blaue Spirale auf dem Grund der Tasse mehr
ahnen als sehen.
Ein Moment völliger Stille.
Teepause.

HAUSHALT

Aushalten, das Haushalten!
Doch plötzlich dieser Moment der Stille.
Kein Geräusch.
Ein langgezogenes Ahh mit dem Ausatem
weghauchen,
Eintauchen in den Moment
der Atemruhe –
magisch.

ALLTÄGLICHES

Wieder die Vase auf dem Tisch,
ein Untersetzer aus Bast,
in Ringe gebunden wie eine Rennbahn.
Ein Stapel: Zeitungen, Briefe,
eine Karte,
das Buch vom Seelenleben.
Ein Kuchenrest und diese Stille.

Inmitten der Dunkelheit, draußen,
die Straßenlaterne.
In der Küche leuchten die Glühbirnen.
Blendend hell,
getaucht in die stille
Dunkelheit der Nacht.
Etwas Wasser noch,
im Glas.

EINE PAMPELMUSE

Dickfleischige gelbe Schalen,
weiße dünne Innenhaut.
Geädertes Fruchtfleisch, Kerne und Saft.
Bitter ist sie.
Bitter, aber gut.

ZEIT ZUM SCHREIBEN

Noch immer weiß,
draußen legen
die Wolken
ihre Schneedecke ab.
Flammen knistern
im Ofen,
nur die Uhr tickt.
Gedanken kommen
als Bilder,
Zeit zum Schreiben.

WIEDER DIE KÜCHE

Vier Zweige,
sie wurzeln schon,
dazu eine Tulpe.
Getrocknete
Orangenscheiben
in der kleinen Schale.
Die Zeit liegt auf
dem Tisch.
ZEIT zum Lesen!

FENSTER

Fenster
offen
Öffnungen
Licht, Mücken, Abendhauch
Apfelduft
Ein rotgoldenes Weinblatt
Bilder, Bilder, Bilder
kommen zum Fenster hinein.
Was schütten wir hinaus?
Licht, Wärme, Töne, Atem
Und das Staubtuch?
Vergessen!!

KÜCHENTISCH

Kerzen, alte.
Das Knäckebrot.
Zwei Nussschalen.
Kerzen-Nussschalen.
Zwei Becher. Ein Becher.
Drei Becher.
Das Brett aus Olivenholz.
Das halbe Brett,
zerbrochen.
Aber noch gut.
Ja, gut.
Die vielen Zeitungen,
Teile aus aller Welt.
Das Buch vom Wu Wei,
das Buch des Nichthandelns.
Das Buch
vom nichthandelnden Handeln.
Und da:
kommen Gedichte.

(Nun aber schnell,
aufräumen!)

Unterwegs

Reise
vom Licht
in die
Dunkelheit.
Von außen
nach innen
und
da wird es Licht.
Reisezeit.

Im Fenster
eine Oma,
mit Brille,
recht wohl frisiert,
grau.
Der Pullover
dunkelrot.
„Ach Gott",
das bin ja ICH.

Ja, natürlich,
der Kontrolleur!
Kontrolle ist
wichtig!!
Wo kämen wir hin
ohne Kontrolle?
Überall hin
und
nach Hause.

Wie viel wichtiger
werden mir
die Gesten,
die Blicke,
kleine Bewegungen,
wenn
sie vergangen sind.
Als wirkten sie
erst jetzt.

Stille

ALLTAGSSTILLE

Da drüben der Obstverkäufer,
hier der Gitarrenspieler,
ein Mann verliert eine Tüte Milch.
Eine Frau, die sie wieder aufsammelt.
Dort hinten schreit ein Kind,
Stimmengewirr, dazwischen ein lautes
Lachen.
Mitten drin: ich.
Verankert, verwurzelt, in wahrer Stille.

Feingezahnte
Silhouette
der Baumwipfel,
gegenüber,
am Waldrand.
Grauweiß,
vom Raureif
bestäubt.
Dahinter liegt
der Wald.

ENDLICH WIEDER

Stille – nur das.
Erkenne mich selbst im Widerschein
der Kerzen.
Die, die ich so lange nicht mehr
gesehen habe,
verschwunden im Chaos aus allzu vielen
Belanglosigkeiten.
Jetzt, in der Klarheit,
erkenne ich meine ganze Präsenz
und bin endlich wieder die,
auf die ich so lange gewartet habe.

IM HERZEN

Stille
Lauschen
wo sonst so viel Lärm war.
Lauschen
die Töne spüren
wachsen
und in mir schwingen lassen.
Mich wiegen
es wagen
zum Ausdruck zu bringen,
welche Melodie
in meinem Herzen singt.

Und immer noch
die Silhouette
der Bäume,
ins Eisgrau
getaucht.
Vorn im Fenster
eine Linie
aus
Kondenstropfen.

Ganz still:
Kein Auto,
keine Musik,
kein Fernseher.

Nur das
leise Summen
des Feuers
im Ofen.

Und eine Kerze.

Dass man
die Stille
hören kann,
die Ohren nur lauschen,
das
gefällt mir.

Stille
zwischen den
Jahren.

Hier
steht
mein Schreibtisch
gut.

Papier kommt
und geht,
Licht fällt
durchs Fenster.
Im Moment:
Stille.

Nur zwei
Schornsteine
rauchen,
die Wolken
bewegen sich
nicht,
die Häuser
stehen still.
Zwischen den Jahren.

Wieder ist es Herbst.
Sieh, die Blätter fallen.

Diese merkwürdige Stille,
ein Hauch Ewigkeit
streift mich.

Nichts rührt sich.
Ein Blatt fällt
zu den vielen
auf den Boden.

Liebe

In der Küche der Ofen –
leise summt und brummt er.
Das Holz hast Du getragen.
Der Abstand von der Wand,
da muss Luft 'ran,
sagtest Du.
Die Kinder am Tisch,
den Du gebaut hast.
Auf meinem Schreibtisch
das Buch –
ein Geschenk von Dir.
Das Bild von der Insel,
da waren Wir.
In der Wäsche
Dein Hemd vom Sommer.
Salbei im Zimmer
und Lauch im Garten.
Knöterich, Weinstöcke,
Apfelbaum.
Meine Gespräche im Kopf –
mit Dir.

Und da könnte ich
Dich vergessen?

SOUVENIRS

Deine zarten Fingerkuppen,
warm und sanft, doch auch fest,
meine Hand umfassend.
Mein Kopf an deiner Brust,
deine Hände an meinem Rücken –
wissend: Alles ist gut.
Dein Lachen, das es ernst meint,
wieder und wieder.
Dein Mundharmonikaspiel,
das durch die Badtür dringt.
Am Morgen bist du noch etwas still, brummelig,
doch ich weiß, bald wird dein erstes Lächeln
mich wieder anstrahlen,
während ich daliege,
über die roten Haare in deinem Bart
zwischen all dem Braun staune,
die Sommersprossen an deinem Arm liebkose,
deine vollen Lippen sacht betrachte,
deine feinen Ohrläppchen.
Und mich erinnere an das Gefühl der Haare auf
deinen Schultern,
so ähnlich denen am Bauch.
Die am Rücken, kurz über dem Po hingegen – feiner!
Und ich höre dich atmen;
später dann liege ich auf deiner Brust und staune,
wie kraftvoll und laut dein Herzschlag ist.

Fühle wie dein Arm mich hält,
deine Hand auf meinem Rücken,
so selbstverständlich,
als wäre es jeden Tag so gewesen.
Am Frühstückstisch der Blick in deine Augen –
die Erinnerung an den braunen Fleck im linken Auge,
dem ich eben noch so nahe war.

Länger als mit anderen,
sehe ich mich und tiefer, tiefer in dich.
Merke, wie ich mal wieder,
wie all die Tage schon,
zusammen mit dir
aus der Zeit falle.
Wie alles andere verschwindet,
nur du und ich.
Als gäbe es die Welt nicht mehr.

Dieser Tage bin ich präsent wie selten,
im Versuch, jeden Moment zu entdecken
und spüre wieder, wie viel Leben darin steckt.
Sitzen wir im Restaurant, die anderen schweigen,
reden leise, schauen aneinander vorbei,
sind wir es, die man laut lachen hört,
weit über den Nachbartisch hinaus.
Beim Wandern dann,
plötzlich in der Düne,
zwischen Wildgänsen, Wiesen und Himmelgrau,
tut mir dann sogar der Magen weh vor lauter Lachen –

ich weiß nicht mehr, wann ich zuletzt so viel gelacht
habe.

Kalt zieht der Wind durch das kleine Holzhäuschen,
wo wir unsere Picknickpause machen
und doch ist mir das fast egal,
während ich hier angelehnt an dich sitze
und meine Paprika mit dir
und du deine Nuss-Schokolade mit mir teilst.
Im Restaurant zählen wir das Geld nicht
auseinander,
wir teilen, wie es stimmig scheint – wie angenehm!

Wundersam beginnen diese Tage von Anfang an –
auf der Hinfahrt sehen wir zu Güllegeruch
einen solch groß-orangenen Sonnenuntergang,
wie ich ihn lange schon nicht mehr gesehen hab.
Auf der Fähre tanzen wir langsam,
fest drückst du dich an mich,
manchmal summen wir auch,
zwei unterschiedliche Lieder
und doch ergeben sie eins.
Fast schon vergessen wir auszusteigen,
wie immer sind wir die Letzten, versunken in unsere
Welt.

Am Abend noch liege ich im Stockdunkeln im Sand,
drehe ich den Kopf nach links, sehe ich Sterne,
nach rechts ebenso,

daneben stehst du.
Im Dunkeln sind wir gelaufen,
einfach drauf zu –
du wolltest in die Bar, ich an den Strand,
so haben wir einfach beides gemacht.
Hand in Hand,
kichernd, lauschend,
an der Kirche vorbei,
über die alten Holzstege zum Strand,
bis ich da lag,
mitten im Sand.
Und lächelte, so still, so erfüllt,
wie lange schon nicht mehr.
Davor: Die Suche nach unserer Unterkunft,
wundersam, ebenso.
An allen Straßen, wo wir hätten abbiegen müssen,
sind wir vorbeigelaufen, bis zum Wasserturm,
dann kreuz und quer, bis zu der Kirche,
wo wir zusammen jeder eine Kerze angezündet
haben,
ich mit der Bitte, dass wir den Weg finden.
Nach weiterem Hier- und Dortabbiegen dann ein
Briefkasten.
Du sagst: Steht da nicht der Standort drauf?
Ich lese Straße und Hausnummer vor.
Und sage: Das ist doch die Adresse unseres
Ferienhauses!
Wir drehen uns um und stehen genau davor.

Diese Wunder mag ich mir bewahren
und auch das Gefühl
der letzten Umarmung,
wie auch jeder anderen mit dir,
am Inselbahnhof,
wo du bald immer weiter in dem pinkfarbenen Waggon
aus meinem Blickfeld verschwunden bist.

Und doch immer noch da.

IN DEINER JACKENTASCHE

Leise begegnet sich das
Hin und Her
unserer Finger.
Vorsichtig führen sie
ein Gespräch –
unbemerkt von all dem
eifrigen Gerede draußen.
Ohne Worte.

Sie treiben mich,
Gedanken um Dich –
der Schlaf will sich nicht finden.
Frag ich mich:
wie lieb ich Dich?
– mehr als zu ergründen.
Ein Klingen schon,
ein leiser Ton
schließt von innen her mich auf;
Angst und Nacht
sind keine Macht,
hindern nicht der Liebe Lauf.

BEGEGNUNG

Manchmal scheint alle Magie verloren,
manchmal ist da nur noch der trübe Alltag
bestehend aus

Gehst du heute einkaufen oder soll ich –
Das Bad müsste auch mal wieder geputzt werden –
Wer spült heute ab.

Und dann,
eines Abends als du schon schläfst,
schaue ich dich einmal genauer an.
Etwas, was ich schon so lange,
ohne es zu bemerken,
nicht mehr getan habe.
Langsam fahre ich mit meinem Zeigefinger deinen
Rücken entlang
und zeichne die Landkarte deines Körpers nach.
Brennend heiß schießen mir die Tränen in die Augen
und zugleich muss ich lächeln.
Denn plötzlich weiß ich wieder,
warum ich dich liebe.

Schenk mir eine Sonne,
ich male Dir den
Himmel blau.
Wirf doch Kieselsteine
in den See.
Hinter Kornfeldern
dunkelt der grüne Horizont
der Baumkronen.

Lass uns alle Farben
behutsam in die Hände
nehmen.

Und gehen.

Lasst mich frei sein von,
frei sein für,
frei von Angst,
Abhängigkeit,
erheuchelten Gefühlen,
euren nichtfühlenden
Gefühlen.

Frei
Frei von den Ketten,
die ihr mit Liebe
verwechselt.

Lasst mich sein, lasst mich
gehen
toben
spielen
lachen
tanzen
lasst mich endlich
endlos lieben.

Du hast Angst mein
Herz in die Hände
zu nehmen,
das Glühen könnte
Dich verbrennen.
Aber mein Herz ist in
meinem Körper,
sieh Dich vor.

Fang meine Tränen
mit Deinen Händen auf,
gib meiner Traurigkeit
ein Gefäß.

Gib meiner Liebe
einen Platz.

Nicht ein Gefängnis,
aber ein Zuhause.

Sei stark.

Nach dem Regen
sind die Umrisse
des Weges deutlicher.
Nasse Gräser
erinnern Dich an das
Lächeln
auf Deinem Gesicht.
Die Erde dampft,
ihr Atem ist Leben,
Farben der Lust.
In glitzernden Tropfen
ahnst Du das Ziel;
die Umrisse des Weges
sind deutlicher.

Zögere nicht.

Zum ersten Mal

NEUES LEBEN

Ein Kind gebären.
Die Schöpfung wiederholen.
Millionenmal geschehen, Einzigartiges erfahren.
Neu sehen, neu fühlen, neu wahrnehmen.
An Wunder glauben,
das Wunder neuen Lebens.
Alles neu, macht der Mai!
Nachzeichnen die Linien der kleinen Finger,
die Füßchen behutsam in die Hand nehmen.
Staunen. Nur staunen, als wäre es nicht
das Normalste der Welt!
Das Wunderbarste erfahren:
Das neue Leben, ein neues Kind.

ERSTER FRÜHLING

Sah ich je diese Farben
in der frühen Sonne leuchten?
Dieses feine Gewebe der Wolken
am Morgenhimmel,
in unzählige wundersame Formen zerfasert?
Hat denn die Sonne ihre
geduldige Arbeit noch nie früher getan,
die kalte, dunkle Erde
zu leuchtender Lebendigkeit geweckt?
Nein, dieses Wunder
geschieht mir
zum ersten Mal.
Frühling.

NEULAND

Weiß und sanft,
unschuldig, unbefleckt,
so rein.

Neu anfangen,
neu sein,
in jedem Augenblick.

Neuland betreten,
im Außen und in mir.
Auch, wenn ich schon
viele Jahre hier bin,
hier, in meinem Land.

Wieder neu schauen,
mein eigenes Leben
neu betrachten.

Neuland, was ist das für mich?

Neuland gibt Raum,
Weite,
ich darf sein,
einfach so.
Darf mich zeigen,
ausbreiten,
sichtbar machen.

Im Neuland ist noch nichts festgelegt,
keine Regeln,
keine Richtung,
kein *Du musst* und *Jetzt gleich*.
Neuland ist.

Neuland verursacht
ein Kribbeln im Bauch.
Angst und Spannung,
Vorfreude und Nervenkitzel.

Es ist, wie den ersten Schritt
auf einem zugefrorenen See zu machen:
Trägt das Eis? Wie weit kann ich mich
vorwagen? Was ist hier alles möglich?

Im Neuland ist noch keine Frage
abschließend beantwortet.
Neuland lädt ein, neugierig zu bleiben,
zu fragen,
zu schauen,
zu entdecken.
Wach zu sein.

Vergangenes

Ordnen,
sichten.
Leer werden,
Bücher füllen.
Den Inhalt
bewahren,
aber
nicht tragen
müssen.
Kompostieren
des Geistigen.
Vielleicht
verwandelt es
sich,
vielleicht
verwandelt es
mich.
Vielleicht
bewegt es,
Dich!

VERGANGENES

Vergangenheit spüren
in den Seiten
eines alten Buches.
Braunfleckig,
vergilbt,
hier und da durchscheinend.
Wie Pergament.
Alte Worte,
kaum je gehört,
fast entfallen
ihre Bedeutung.
Und doch berührt.
Berührt von diesem
Schatz des Geistes,
zusammengetragen
noch in Stille,
durchgearbeitet in geduldiger Zeit.
Nicht auf dem Sprung,
nicht abgelenkt,
weggelenkt vom
Wesentlichen.
Mitgehen in die
Tiefe des Zeitlosen,
hier sein,
eintauchen ins Jetzt.
Vergangenes.

IMMER SCHON

Den Blick verändern
neu entdecken
was all die Jahre schon
vor meinen Augen lag.

ERINNERUNG

Tiefe Angst berührt mein Herz
lässt mich erschaudern in der Nacht.
Weiß nicht – wo sah ich sie zuletzt,
jemals,
überhaupt.
Panik, sie nie zu finden,
Angst, einfach ohne sie leben zu müssen.
Ein Atemzug –
Ein
Aus.
Ist da doch noch etwas?

Ich lausche, spüre, warte.
Die Angst ist noch da, ja,
doch von tief unten bahnt sich
noch etwas anderes seinen Weg.
Steigt auf,
umfasst mich mit Wärme,
hüllt mich ein.
Atemzug um Atemzug
werde ich ruhiger
sinke zurück
in mich.
Erinnere mich wieder
weiß wieder
und spüre,
wie die Schwere
ein wenig leichter wird.

Leben

So geht der Abend
zu Ende.
Die Nacht ist da,
Tropfen glitzern,
auf der Fensterscheibe.
Ein Buchenzweig.
Noch grünt er nicht.
Drei Tulpen
halten die Stellung,
noch ist Winter.
Aber dann:
Die Bilder sind
aufgehängt,
Musik,
Musik aus allen Ritzen.
Die Gelenke ölen sich
wie von selbst.
Der Buddha
sitzt da wie immer,
aber das täuscht:
er hat das ewige
Leben in sich.

Vielleicht sterbe ich
ja früh?

Das Herz
muckt auf,
manchmal.

Na und?
C'est la vie.

Schön war's.

GEHEN, NUR DAS

Gehen
nur das.
Schritt für Schritt.
Und dem Gehenden
schiebt sich der Weg
unter die Füße.

Rätselhafte Linien,
fein geädert,
sich verwirrend,
fast verknotend,
dann wieder lösend.
Muster um Muster
tritt hervor,
alte Formen,
zu Symbolen geronnen.
In Jahrtausenden
Bedeutung gewonnen
sprechen sie uns jetzt
noch immer an.
Nicht wissend,
spüren wir ihren Inhalt –
gewandert durch
die Geschichte
vieler Generationen
bewahren sie ihren
Ausdruck
unverändert.

ENDLICH LEBEN

Die Sonne scheint auf mein Gesicht
vertreibt die Nässe letzten Taus.
Wärme breitet sich aus auf allen Wegen.

SO ZÄRTLICH UND LEICHT

Weiches Moos unter den Füßen.
Da weiß ich es wieder:
Leben darf auch leicht
und zärtlich
sein.

EIN SCHATZ FÜR MICH

Ein Schatz –
nur für mich.

Bin ich selbst es vielleicht?

ANGEKOMMEN

Blau,
nur das.
Endlose Weite.
Ein Vogel kreist am Horizont.

Textnachweise

Ganz leicht und selbstverständlich haben sich unsere Texte in diesem Buch miteinander verwoben.

Welche dennoch wissen möchte, von welcher welcher Text ist, findet hier die Gedichte mit Seitenzahl und Zuordnung zu unseren Namen:

Sabrina Gundert: S. 10, 14, 17, 18, 19, 21, 22, 26, 27, 28, 30, 31, 33, 34, 36, 37, 39, 40, 44, 70, 72, 73, 83-87, 90, 100-101, 106, 107, 112, 114, 115, 116, 117.

Susanne Sorgenfrei: S. 11-13, 16, 20, 23, 24, 29, 32, 38, 41, 42, 43, 46, 47, 48, 49, 50, 52, 53, 54, 55, 56, 57, 58, 59, 60, 61, 62, 64, 65, 66, 67, 71, 74, 75, 76, 77, 78, 79, 82, 88, 89, 91, 92, 93, 94, 95, 98, 99, 104, 105, 110-111, 113.